IRROMPIBLE

DIDI WHITEFALCON y ATOLONIA

Dedicado a ti, Joana.

Contigo soy IRROMPIBLE, ahora y siempre.

Te amo.

Mamá.

Me encanta pegar mi cara al pecho de mi mamá y escuchar los latidos de su corazón.

Mi mamá tiene un corazón grande que derrocha toneladas de amor.

El corazón de mi mamá late muy rápido cuando está feliz.

TUC-TUC, TUC-TUC, TUC-TUC...

O cuando, entre risas y gritos, juega conmigo y corre detrás de mí para atraparme.

Pero cuando duerme,
todo queda en silencio y
su corazón late muy despacito.

Entonces,
el suave sonido de sus latidos
acompasa y mece mis sueños.

El corazón de mi mamá es fuerte y valiente.

Está allí siempre que lo necesito, ya sea para luchar contra monstruos que se ocultan bajo la cama o fantasmas que deambulan por mi habitación.

Y también es dulce como la miel.

Hace que mis dudas e inseguridades se desvanezcan y me canta las mejores canciones del mundo.

El corazón de mi mamá es irrompible o eso pensaba yo...

Hasta que un día lo vi quebrarse en mil pedazos mientras las lágrimas brotaban por sus mejillas.

No sé lo que le pasó y ella tampoco me lo dijo.

–¿Estás triste, Mamá? No te preocupes, yo lo arreglaré –le susurré al oído.

Con mucha paciencia, recogí uno a uno los pedazos e hice una montaña con ellos.

Era tan grande que me tapaba la cabeza.

Tomé dos trocitos entre mis manos
y los uní con un beso.

Otro trocito y otro beso.

Trocito, beso...

Trocito, beso...

Trocito, beso...

Y así, hasta llegar a mil pedacitos,
con besos los fui pegando.

Cuando acabé,
me acerqué a mi mamá.

Le aparté un mechón de cabello
que le cubría el hombro, la abracé
y le coloqué su nuevo corazón.

No era ni mucho menos un corazón perfecto.

Tenía una forma un poco rara y muchos besos engastados.

De hecho, no se parecía en nada al original pero ella al verlo, me miró y dijo...

–¡Gracias, hijo mío! Ahora sí que es
IRROMPIBLE.

FIN

Otros Títulos de la Autora:

"Cornelia"

Cuando una tormenta destroza su hogar, una pequeña hormiga nos enseñará que, con fuerza de voluntad, todo es posible.

Contiene actividades e imágenes para colorear.

"Ana Pies de Pato"

Una conmovedora historia sobre amor propio, autoestima y una niña que dejará una huella imborrable en nuestros corazones.

Contiene tres actividades para desarrollar y reforzar la autoestima.

Printed in Great Britain
by Amazon

15481743R00025